LA GUIRLANDE DE JULIE.

LA GUIRLANDE

DE JULIE,

OFFERTE A M.lle DE RAMBOUILLET,

JULIE-LUCINE D'ANGENES,

Par M. le Marquis DE MONTAUSIER.

PARIS,

IMPRIMERIE DE MONSIEUR.

M. DCC. LXXXIV.

NOTICE
SUR
LA GUIRLANDE
DE JULIE,

Faite sur la fin du dernier siècle, par M. DE GAIGNIERES, qui en a été un des possesseurs.

[Cette Notice est extraite du Supplément à la première partie du Catalogue des Livres rares et précieux de feu M. le Duc de la Vallière, rédigé par GUILLAUME DEBURE fils aîné, qui en a fait la vente depuis le 12 janvier jusqu'au 5 mai 1784.]

L E dessein de cet Ouvrage est un des plus ingénieux et des plus galans qu'on pût imaginer en ce genre. M. Huet l'a appelé le chef-d'œuvre de la galanterie, et a vanté la magnificence de son exécution : l'on peut dire qu'elle n'a été en rien inférieure au projet.

Il a pour Auteur feu Monsieur le Duc de Montausier, qui l'envoya, le jour de la fête de Julie-Lucine d'Angennes de Rambouillet, à cette charmante personne, dont il devint enfin l'époux (en 1644), après en avoir été long-temps l'amant.

Comme cette fête arrivoit dans un temps où la terre ne produit pas assez de fleurs au gré des amans, celui-ci suppléa à la stérilité de la saison, par cette Guirlande.

Ce Manuscrit commence par huit feuillets.

Les trois premiers sont en blanc. On lit au haut du *recto* du second, le billet que l'abbé de Rothelin écrivit de sa main à M. de Boze, en lui faisant présent de ce beau Livre.

Je prie M. de Boze de vouloir bien accepter le présent Livre, et le placer dans son magnifique Cabinet, comme une marque de ma tendre amitié.

L'Abbé DE ROTHELIN.

Le quatrième feuillet contient le titre.

Sur le cinquième est peinte une Guirlande superbe, au milieu de laquelle on lit ces mots :

LA

GVIRLANDE

DE

IVLIE.

Le sixième est encore en blanc.

Il y a sur le septième une miniature où l'on voit Zéphire entouré d'un nuage, et représenté du côté gauche au côté droit du spectateur. Il tient dans sa main droite une rose, et dans sa gauche la Guirlande de fleurs, au nombre de vingt-neuf, qu'il souffle légèrement sur la terre, pour qu'on puisse les reconnoître aisément.

Le huitième contient un Madrigal intitulé : *Zéphire à Ivlie.*

Le corps de l'ouvrage vient ensuite. Il est de quatre-vingt-dix feuillets, dont le premier est coté 6, et le dernier 95.

De ces quatre-vingt-dix feuillets, il y en a vingt-neuf qui contiennent chacune une fleur, et soixante-un qui contiennent chacun un Madrigal.

Ce volume est terminé par une Table alphabétique qui n'est point du tout commode. Elle est dressée selon l'ordre des premières lettres de chaque Madrigal ; de-là vient que le nom de la même fleur y est répété plusieurs fois, et qu'on n'y voit pas d'un seul coup-d'œil toutes les pièces qui ont été faites sur elle.

Nous avons corrigé ce défaut, en substituant à cette Table défectueuse celle qui a été faite par M. l'abbé Rive.

Sans vouloir enrichir le passé aux dépens du présent, il faut avouer qu'il seroit difficile aujourd'hui d'assembler un aussi grand nombre de beaux-Esprits et de poëtes célèbres qu'il s'en trouva alors, pour aider à Monsieur de Montausier à immortaliser le nom de Julie.

La Table, qui contient les noms de tous ces

poëtes, et que nous avons ajoutée à celle de l'abbé Rive, ne présente que les illustres fondateurs de l'Académie Françoise, qui s'élevoit à l'hôtel de Rambouillet, en attendant qu'elle reçût et sa forme et sa gloire du Cardinal de Richelieu.

Mais quand on n'auroit pas appris par là qui sont ceux qui aidèrent à M. de Montausier à célébrer Mademoiselle de Rambouillet, il seroit toujours facile de juger, par tant de poésies diverses et ingénieuses, que des esprits d'un ordre supérieur y ont eu part.

Ces Poéfies ou Madrigaux ont été imprimés à Paris en 1729, à la suite de la Vie de M. le Duc de Montausier, rédigée par Nicolas Petit, Jésuite, qu'on a confondu avec d'autres Auteurs du même nom, dont les ouvrages sont annoncés dans la France littéraire, tom. I, p. 361; tom. II, p. 92; et Supplément, part. I, p. 167. L'on vient de réimprimer tout récemment ces Madrigaux, avec la Vie de M. le Duc de Montausier.

L'on appercevra aisément, à la Table des noms des Auteurs, que M. de Montausier, comme amant, a composé un très-grand nombre de ces Madrigaux. On ignore les raisons pour lesquelles il s'est caché quelquefois sous ces lettres, M. le M. de M., ainſi que le Marquis de Racan par celles de M. le M. de R. M. Conrart, que l'on peut appeler le pére de l'Académie Françoise, n'y est désigné que par M. C. L'on a restitué tous ces noms dans cette édition, d'après la notice de M. de Gaignieres, qui se trouve écrite de sa main à la Bibliothèque du Roi.

Comme la baronnie de Montausier ne fut érigée en marquisat qu'en 1644, trois ans après que la Guirlande de Julie fut présentée à Mademoiselle de Rambouillet, l'on sera sans doute étonné que M. de Montausier ait pris le nom de Marquis avant de l'être effectivement; mais on ne doit pas ignorer qu'il étoit très-commun que les gens de qualité prissent dans le monde le titre de *Marquis*, avant que la terre de leur nom fût érigée en *Marquisat*. Le frère aîné de M. le Duc de Montausier, qui mourut en 1633, avoit aussi porté le titre de *Marquis de Montausier*.

Chapelain, fameux par l'attente de sa Pucelle, qui lui avoit fait par avance un nom qu'elle n'a pu soutenir, quand elle a été au grand jour, fut un de ceux qui brilla le plus en cette occasion.

La Fleur Impériale dont il fit choix, donna lieu à une allégorie fort spirituelle, sur laquelle roule toute la finesse de son Madrigal : en voici l'explication en peu de mots.

Le grand Gustave étoit alors au plus haut période de sa gloire, et il en jouissoit sans rivaux, puisque personne ne pouvoit lui disputer celle d'être le plus fameux conquérant de son siécle. Mademoiselle de Rambouillet, juge très-capable du vrai mérite, ne parloit de ce prince qu'avec éloge ; elle avoit même son portrait dans sa chambre, et disoit toujours qu'elle ne vouloit point d'autre amant que ce héros.

Cela donna lieu à Chapelain de choisir pour sujet de son Madrigal la fleur qu'on nomme Impériale, qu'il supposa être Gustave, ainsi métamorphosé, qui vient lui rendre hommage et lui offrir de la couronner. Voiture, à qui cette fiction avoit sans doute paru très-noble, y fait allusion dans la lettre qu'il écrivit à Mademoiselle de Rambouillet, au nom du roi de Suède, et qui commence : *Voici le Lion du Nord*, etc.

On a cru devoir cette explication en particulier à ceux qui verront ce livre, sans entrer dans le détail du reste qui s'entend facilement; et l'on se contentera d'ajouter ici, que Robert, célèbre peintre d'alors, fut chargé de peindre les fleurs dont il est enrichi, et que Jarry, le plus fameux maître d'écriture de son temps, a écrit de sa main les Madrigaux, et la Table des Madrigaux.

Afin que rien ne manquât à l'embellissement

de cet ouvrage, il fut relié par le Gascon, qui n'avoit point d'égal en son art, et enrichi par le dehors et le dedans des chiffres de Julie-Lucine, à qui il étoit destiné.

Tant que Madame de Montausier a vécu, elle a conservé précieusement ce gage de la galanterie et de l'amour de son mari. A sa mort, M. de Montausier en devint le dépositaire, et le montroit avec plaisir à ses amis. Après lui, il passa dans les mains de Madame la Duchesse d'Uzès sa fille, qui savoit trop ce qu'il valoit pour ne le pas garder avec soin; aussi ce ne fut qu'après sa mort que cet ouvrage fut vendu par ses héritiers, comme une pièce qui ne méritoit pas leur attention. Un particulier, qui se trouva heureusement avoir du goût, l'acheta 15 louis d'or, valant alors 200 livres; et l'ayant depuis revendu à M. Moreau, premier valet-de-chambre de Monseigneur le Duc de Bourgogne, il a eu l'honnêteté de m'en faire présent, et de me le faire prendre, croyant, avec raison, enrichir par là mon cabinet, [celui de M. de Gaignieres, Auteur principal de cette Notice.]

Nicolas Jarry, écrivain inimitable du dernier siécle, fit trois manuscrits de la Guirlande de Julie dans la même année 1641, savoir, un *in-folio*, un *in-4°*, et un *in-8°*.

Le premier, annoncé dans le Catalogue des livres de M. le Président Crozat de Tugny, *Paris*, 1751, page 119, n° 1316, n'étoit pas imprimé. C'est une erreur de ne l'avoir pas annoncé manuscrit. Il est de la propre main de Jarry, sur papier *in-4°* à longues lignes, et contient cinquante-trois feuillets très-bien écrits, en *lettres bâtardes* : il paroît avoir été l'esquisse et le modéle de celui *in-folio*, présenté à Mademoiselle de Rambouillet. M. le Marquis de Courtanvaux en a été ensuite possesseur. Il est passé à sa vente entre les mains de P. Fr. Didot, Imprimeur de MONSIEUR.

Le second, très-précieux, sur vélin *in-folio*,

qui a donné lieu à cette Noticee, est supérieurement écrit en *lettres rondes* ; les figures de toutes les fleurs, peintes par le fameux Robert, et la reliure magnifique en maroquin rouge de ce livre, orné en dehors et en dedans du chiffre entrelacé de J L [Julie - Lucine], ajoute un très-grand mérite à cet ouvrage, unique dans son genre.

Il paroît qu'après M. de Gaignieres, ce manuscrit passa entre les mains de M. le Chevalier de B * * * ; il fut acheté en 1726, à la vente de ses livres, par M. l'abbé de Rothelin, qui, comme on l'a vu plus haut, en fit présent quelque temps après à M. de Boze. M. de Cotte l'acheta des héritiers de M. de Boze, avec une partie de sa Bibliothèque, et le céda à M. Gaignat, à la vente duquel il fut acheté par M. le Duc de la Vallière. M. Peyne, Libraire de Londres, l'a payé, à la vente de ce dernier, 14510 l. Nous ignorons entre les mains de qui il est passé. *Voyez les Catalogues de ces différentes ventes.*

Le troisième et dernier Manuscrit de la Guirlande contient quarante feuillets sur vélin *in-8°*, écrits en *lettres bâtardes*. Il ne renferme que les Madrigaux seuls, sans aucune peinture. La reliure est la même que celle du Manuscrit précédent, parce qu'ils furent présentés tous les deux en même temps à Mademoiselle de Rambouillet par M. le Duc de Montausier. L'on ignore absolument comment il est passé dans la Bibliothèque de M. le Duc de la Vallière. M. G. Debure fils aîné, chargé de la vente de cette Bibliothèque, l'a payé 406 liv. et en est actuellement le possesseur.

Ce Manuscrit peut être regardé comme le chef-d'œuvre de N. Jarry, parce qu'il excelloit encore plus dans les *lettres bâtardes*, que dans les *lettres rondes*.

Nous croyons ne pouvoir mieux finir cette Notice, qu'en rapportant le Sonnet de Gilles Ménage, imprimé dans ses Miscellanea, *Parisiis*, 1652, *in-4°*, page 124.

SONNET

SUR

LA GVIRLANDE

DE IVLIE.

Sous ces ombrages verds la Nymphe que j'adore,
Ce miracle d'Amour, ce chef-d'œuvre des Dieux,
Avecque tant d'éclat vient d'ébloüir nos yeux,
Que Zephire amoureux l'auroit prise pour Flore.

Son teint estoit plus beau que le teint de l'Aurore,
Ses yeux estoient plus vifs que le Flambeau des Cieux,
Et sous ses nobles pas on voyoit en tous lieux
Les roses, les jasmins et les œillets éclore.

Vous qui pour sa GVIRLANDE allez cueillant des fleurs,
Nourrissons d'Apollon, favoris des neuf Sœurs,
Ne les épargnez point pour vn si bel ouvrage.

Venez de mille fleurs sa teste couronner :
Sous les pieds de IVLIE il en naist davantage
Que vos savantes mains n'en peuvent moissonner.

LA
GVIRLANDE
DE
IVLIE.

Pour Mademoiselle de Rambouillet,

IVLIE-LVCINE D'ANGENES.

Escript par N. Jarry.

1641.

ZÉPHIRE A IVLIE,
Madrigal.

REceuez, ô Nymphe adorable,
Dont les cœurs reçoiuent les loix,
Cette COVRONNE plus durable
Que celle que l'on met sur la teste des Roys.
    Les Fleurs dont ma main la compose,
Font honte à ces Fleurs d'or qu'on voit au firmament;
    L'eau dont Permesse les arrose,
Leur donne vne fraicheur qui dure jncessamment :
    Et tous les jours, ma belle Flore,
    Qui me chérit, et que i'adore,
    Me reproche auecque courroux,
    Que mes soupirs iamais pour elle,
    N'ont fait naistre de Fleurs si belle,
    Que i'en ay fait naistre pour vous.
        De M. le Marquis DE MONTAUSIER.

LA COVRONNE IMPERIALE,

MADRIGAL.

IE suis ce Prince glorieux,
De qui le bras victorieux
A terracé l'orgueil d'vn redoutable Empire.
Au plus froid des Climats je me sentis brusler
Par vn nouueau Soleil que l'vniuers admire,
Et que celuy des Cieux ne sçauroit égaler.
Du riuage inconnu de l'aspre Corélie,
Où la Mer sous la glace est toute enséuelie,
Le flambeau de l'Amour mes voiles conduisant,
Ie vins pour rendre hommage à l'auguste IVLIE ;
Mais iugeant ma couronne vn indigne present,
Ie voulus conquerir le riche Diadême,
Dont iadis les Césars en leur pompe suprême
Eurent le front si reluisant.
Au comble d'vn succés qui les peuples étonne,
Vainqueur des ennemis et vaincu du malheur,
Ie rencontray la mort dans le champ de Bellonne.
L'Amour vid mon desastre, et flattant ma douleur,

  Me conuertit en vne illustre Fleur,
   Que DE L'EMPIRE il nomma la COVRONNE.
Ainsi ie fus le prix que cherchoit ma valeur,
Ainsi par mon trépas i'acheuay ma conqueste.
En cet état, IVLIE, accorde ma requeste,
   Sois pitoyable à ma langueur ;
   Et si ie n'ay place en ton cœur,
   Que ie l'aye au moins sur ta teste.
       De M. CHAPELAIN,

LA COVRONNE IMPERIALE,

MADRIGAL.

BIen que de la Rose et du Lys,
Deux Roys d'éternelle mémoire
Facent voir leurs fronts embellis,
Ces Fleurs sont moindres que ta gloire;
Il faut vn plus riche ornement
Pour récompenser dignement
Vne vertu plus que Royale;
Et si l'on se veut acquitter,
On ne peut moins te présenter
Qu'vne COVRONNE IMPERIALE.

De M. de MALLEVILLE.

LA COVRONNE IMPERIALE,
Madrigal.

Qvelque diuersité que le parterre étale,
    Ie me trouue sans effroy,
    La Covronne imperiale
    Est seule digne de toy.
    Tant de Fleurs que la Nature
    Esmaille de sa peinture,
    N'ont rien qu'on doiue estimer ;
    Voy l'éclat qui m'enuironne :
    Moy seule fais LA COVRONNE
Que tant d'autres ensemble ont peine de former.

De M. de Scudery.

LA ROSE,

MADRIGAL.

ALors que ie me voy si belle et si brillante,
Dans ce teint, dont l'éclat fait naistre tant de vœux;
L'excés de ma beauté moy-même me tourmente,
Ie languis pour moy-même, et brusle de mes feux,
Et ie crains qu'aujourd'huy la ROSE ne finisse
Par ce quj fit iadis commencer le Narcisse.
    De M. HABERT, Abbé de Cérisy.

LA ROSE,
MADRIGAL.

DEuant ce teint d'vn beau sang animé,
Ie ne parois que pour ne plus paroistre ;
Ie n'ay plus rien de ce lustre enflamé
Que de Vénus le sang auoit fait naistre ;
Le vif éclat de ce teint nompareil
Me fait paslir, accuser le Soleil,
Seicher d'enuie et languir de tristesse :
O sort bizarre ! ô rigoureux effet !
Ce qu'a produit le sang d'vne Déesse,
Le sang d'vne autre aujourd'huy le défait.

De M. DE MALLEVILLE.

L'ANGELIQVE,

MADRIGAL.

REceuez mon seruice, adorable IVLIE,
Seule que la nature a fait Naistre accomplie ;
Ah ! que i'estimeray mon destin glorieux,
Si vôtre belle main sur vos cheueux m'applique !
   Ie suis fauorite des Cieux,
   Ie porte le nom d'ANGELIQVE ;
Mais ie n'ignore pas qu'au jugement de tous,
   Ie la suis beaucoup moins que vous.
     De M. le Marquis DE MONTAUSIER.

L'ANGELIQVE,
MADRIGAL.

QVand toutes les Fleurs prennent place
Sur l'yuoire de vôtre front,
Il faut par raison que ie face
Ce que par audace elles font ;
Et certes si la voix publique
Me nomme par-tout ANGELIQVE,
Et me donne tant de renom,
Ie répons mal à ses louanges,
Et ne mérite plus mon nom,
Si ie ne couronne les Anges.

De M. DE MALLEVILLE.

L'OEILLET,

MADRIGAL.

Bien que dans l'Empire des Fleurs
I'espere emporter la Couronne
Dessus toutes mes autres Sœurs,
Au moins si la beauté la donne ;
Deuant ton teint vif et vermeil,
De qui l'effet plus grand que celuy du Soleil,
Des cœurs les plus gelez fond la plus dure glace,
Mon éclat se ternit et mon lustre s'efface ;
Mais dessus tes cheueux ie reprens ma beauté,
Et i'emprunte de toy ce que tu m'as osté.

De M. le Marquis DE MONTAUSIER.

LA FLEVR DE THIN,
MADRIGAL.

SAns beauté, sans grandeur, sans éclat et sans grace,
Ie nays par un arrest de mon jniuste sort
      Incapable d'vn bel effort
      Pour acquérir l'illustre place
Où mon ambition m'ose faire aspirer ;
      Toutesfois, ô belle IVLIE,
Si de tes doux regards tu daignes m'éclairer,
Ie renaistray par eux de tant d'attraits remplie,
      Que i'auray suiet d'espérer
De rendre ta COVRONNE et ma gloire accomplie.
      Sois donc fauorable à mes vœux,
Embellis ma laideur, releue ma bassesse,
Des Destins montre-toy Maitresse,
Metz-moy, malgré leur haine, en vn état heureux ;
La Nature, pour moy non moins barbare qu'eux,
      En vain t'oppose ses obstacles ;
Tes beaux yeux chaque iour font de plus grans miracles.
                De M. D'ANDILLY le fils.

LE IASMIN,

MADRIGAL.

CAuse de tant de feux, source de tant de pleurs,
    IVLIE, accorde ma requeste ;
    Comme à toutes ces autres Fleurs,
    Donne-moy place sur ta teste ;
    Deuant le lustre de mon teint,
    L'eclat des plus beaux Lys s'éteint ;
    Par tout ailleurs ie leur fais honte,
Seulement dans ton sein leur blancheur me surmonte.
                    De M. le Marquis DE MONTAUSIER,

L'ANEMONE,

MADRIGAL.

IE m'offre à vous, belle IVLIE,
Mais ne refusez pas mes vœux;
La COVRONNE qu'on met dessus vos beaux cheueux,
Sans moy ne peut estre accomplie:
Ie dois entre les Fleurs tenir le premier rang;
On ne sçauroit cueillir que parmy les épines
Cette Fleur que Vénus fit naistre de son sang,
Et ie n'en mesle point à mes beautez diuines;
Mais l'éclat de vôtre beauté
M'accuse de temerité,
Ie céderay toujours aux Roses,
Tandis qu'elles seront sur vôtre teint écloses.

De M. le Marquis DE MONTAUSIER.

LA VIOLETTE,

MADRIGAL.

FRanche d'ambition, ie me cache sous l'herbe,
Modeste en ma couleur, modeste en mon séiour;
Mais si sur vôtre front ie me puis voir vn jour,
La plus humble des Fleurs sera la plus superbe.

De M. des Marests.

LA VIOLETTE,
MADRIGAL.

DE tant de Fleurs par qui la France
Peut les yeux et l'ame rauir,
Vne seule ne me deuance
Au juste soin de te seruir ;
Que si la Rose en son partage
Fait gloire de quelque auantage
Que le Ciel daigne luy donner,
Elle a tort d'en estre plus fiére,
I'ay l'honneur d'estre la premiére
Qui naisse pour te couronner.
De M. DE MALLEVILLE.

LES LYS,

Madrigal.

MErueille de nos jours, dont les charmes vainqueurs
Rauissent les esprits et regnent dans les cœurs,
Rare present du Ciel, adorable IVLIE;
Lors que toutes les Fleurs d'vn email precieux,
Viennent rendre à l'enuy ta COVRONNE embellie,
C'est sur moy que tu dois arrester tes beaux yeux.

De la Reyne de l'air ie suis la Fleur diuine,
Ma blancheur de son lait tire son origine,
Il se fait voir encor sur mon teint sans pareil;
Et le Dieu dont les loix forment la destinée,
Veut que le plus grand Roy qu'éclaire le Soleil,
Ayt de moy seulement la teste couronnée.

Au Temple de Thémis ie preside auec luy;
Son Throsne glorieux est mon illustre appuy,
La valeur de ce Mars fait pour moy des miracles,
Et ie dois espérer que par son bras puissant
S'accompliront bien-tôt les celebres oracles
Qui me promettent place au dessus du Croissant.

Mais parmy ces grandeurs le bruit de ton merite,
A me donner à toy si fortement m'jnuite,

Que ie veux de ma gloire enrichir ta beauté ;
En vain toutes les Fleurs dans leur pompe suprême,
Se vantent de t'orner d'vn Royal Diadême ;
Leur plus superbe éclat n'a point de majesté ;
Nulle autre que le LYS sans audace n'aspire
A te rendre vn honneur qui soit digne de toy ;
Elles parent ton front, et ie t'offre vn Empire,
Puis qu'en te couronnant, ie t'égale à mon Roy.

De M. D'ANDILLY.

LES LYS,

MADRIGAL.

LE plus ardent de tous mes vœux
Est de couronner tes cheueux,
Et ie croy, si ie ne me flatte,
Que ie puis aspirer à cet honneur nouueau ;
 Car par moy ton visage est beau,
Et par moy de nos Roys le Diadême éclatte :
 Mais i'ay plus de gloire cent fois,
 Et ie tire plus d'auantage
 D'éclatter dessus ton visage
 Que dessus la teste des Roys.
  De M. le Marquis DE MONTAUSIÉR.

LES LYS,
MADRIGAL.

Reçoy les LYS que ie te donne,
Pour en former vne Couronne
Par qui ton pouuoir soit dépeint;
C'est l'ornement que ie t'apreste :
Pour rendre ce qu'on doit aux LYS de ton beau teint,
Il t'en faut mettre sur la teste.

De M. de Malleville.

LE LYS,

Madrigal.

DEuant vous je pers la Victoire
Que ma blancheur me fit donner,
Et ne preten plus d'autre gloire
Que celle de vous couronner.

Le Ciel par vn honneur insigne
Fit choix de moy seul autres fois,
Comme de la Fleur la plus digne
Pour faire vn present à nos Roys.

Mais si j'obtenois ma requeste,
Mon sort seroit plus glorieux
D'estre monté sur vôtre teste,
Que d'estre descendu des Cieux.

De M. des Reaux Tallemant.

LE LYS,

MADRIGAL.

IE puis mettre entre les louanges
Qui me rendent si glorieux,
D'auoir fleury dedans les Cieux,
Cultiué de la main des Anges ;
Mais, certes, c'est y retourner
Que de vous pouuoir couronner.
De M. Martin.

LE LYS,

MADRIGAL.

Que i'ay de gloire à cette fois,
Que j'ombrage ces belles tresses !
Ie ne couronnois que les Roys,
Et ie couronne les Déesses.

De M. Martin.

LE LYS,

Madrigal.

Vn diuin Oracle autres fois,
A dit que ma pompe et ma gloire
Sur celle du plus grand des Roys
Pouuoit emporter la victoire ;
Mais si i'obtiens, selon mes vœux,
De pouuoir parer vos cheueux,
Ie dois, ô Ivlie adorable,
Toute autre gloire abandonner ;
Car nul honneur n'est comparable
A celuy de vous couronner.

De M. Conrart.

LES LYS,

MADRIGAL.

BElle, ces Lys que ie vous donne,
    Auront plus d'honneur mille fois
    De seruir à vôtre COVRONNE,
Que d'estre couronnez aux armes de nos Roys.
De M. DES MARETS.

LA TVLIPE,

MADRIGAL.

IE fus vn Berger autres fois,
Qui, poussé d'vne belle audace,
Alla cueillir dessus Parnasse
Des Lauriers plus fameux que les Lauriers des Roys.
Ce genereux desir d'vne éternelle gloire
Ne m'empécha pas de seruir
Auec les Filles de Mémoire,
Les mortelles Beautez quj me sçeurent rauir.
Mais mon ame fut si volage,
A tant d'obiets diuers elle rendit hommage,
Et les Bergeres si souuent,
En me reprochant leurs caresses,
Se plaighirent que mes promesses
Se perdoient parmy l'air dessus l'aile du vent,
Qu'Amour vint d'vne main puissante
Me transformer en cette Fleur,
Quj, comme i'eus l'ame inconstante,
Est inconstante en sa couleur.

Miracle de nos iours, si mes yeux t'eussent veuë
Avec tous ces appas dont le Ciel t'a pourueuë,
      Mon cœur n'eut point esté leger ;
Mais mon sort me console, et pour ma gloire ordonne,
Depuis que i'ay l'honneur d'embellir ta COVRONNE,
Que mes viues couleurs ne pourront plus changer.
De M. GODEAU.

LA TVLIPE,
Madrigal.

IE suis le plus brillant ouurage
Dont le pinceau de Flore embellit les Estez,
Et sur les autres Fleurs i'ay le même auantage
Qu'a le feu de tes yeux sur les autres clartez.
    Mais dans l'éclat qui m'enuironne,
Et qui de cent couleurs reléue mes beautez;
      La gloire que le Ciel me donne
      D'estre vne Fleur de ta COVRONNE,
    A pour moy de si doux appas,
Que bien que de ma mort ma gloire soit suiuie,
    Pour mourir d'vn si beau trépas,
    I'ayme mieux la mort que la vie.

      De M. Arnaud de Corbeville.

LA TVLIPE, AV SOLEIL,

MADRIGAL.

BEl Astre à qui ie dois mon estre et ma beauté,
  Ajoûte l'jmmortalité
A l'éclat nompareil dont ie suis embellie,
Empêche que le Temps n'efface mes couleurs :
Pour throsne donne-moy le beau front de IVLIE ;
Et si cet heureux sort à ma gloire s'allie,
  Ie seray la Reyne des Fleurs.
De M. CONRART.

LA TVLIPE

Nommée FLAMBOYANTE,

MADRIGAL.

PErmettez-moy, belle IVLIE,
De mesler mes viues couleurs
A celles de ces rares Fleurs
Dont vôtre teste est embellie.
Ie porte le nom glorieux
Qu'on doit donner à vos beaux yeux.

De M. le Marquis DE MONTAUSIER.

LA IONQVILLE,

MADRIGAL.

DAns la Fable, ni dans l'Histoire
Il ne se parle point de moy;
Ie ne me puis vanter de posséder la gloire
De descendre du sang ni d'vn Dieu ni d'vn Roy :
    Mais la passion veritable
    Que vous témoigne ma couleur,
    Plus qu'vne plus illustre Fleur
    Me doit rendre recommandable.
    O Beauté qu'on doit adorer !
    Permettez-moy de vous parer,
Et ie m'estimeray cent fois plus glorieuse
Que celle dont l'histoire est cent fois plus fameuse.
        De M. le Marquis DE MONTAUSIER.

L'HYACINTE,

Madrigal.

IE n'ay plus de regret à ces Armes fameuses
Dont l'jniuste refus precipita mon sort :
Si ie n'ay possedé ces marques glorieuses,
Vn destin plus heureux m'accompagne à la mort ;
Le sang que i'ay versé d'vne illustre folie,
A fait naistre vne Fleur qui couronne IVLIE.
De M. le Marquis DE RACAN.

L'HYACINTE,

MADRIGAL.

DEpuis mon changement, tout l'Vniuers remarque
  Que d'vn triste et muet discours
  Ie me plains qu'en mes plus beaux jours
 I'ai ressenti la rigueur de la Parque :
  Mais ie cesse de murmurer ;
Car l'extrême plaisir que i'ai de te parer,
  Efface maintenant la plainte
  Que mes feuilles portoient empreinte.
De M. le Marquis DE MONTAUSIER.

L'HYACINTE,

MADRIGAL.

D'Vn éternel bon-heur ma disgrace est suiuie ;
Ie n'ay plus rien en moy qui marque mon ennuy.
Autres fois vn Soleil me fit perdre la vie ;
Mais vn autre Soleil me la rend aujourd'huy.

De M. Conrart.

L'ELIOTROPE,

MADRIGAL.

A Ce coup les Destins ont exaucé mes vœux ;
Leur bonté me permet de parer les cheueux
   De l'jncomparable IVLIE :
   Pour elle, Apollon, ie t'oublie ;
   Ie n'adore plus que ses yeux :
C'est avecque leurs traits qu'Amour me fait la guerre ;
   Ie quitte le Soleil des Cieux,
   Pour suiure celuy de la Terre.
      De M. le Marquis DE MONTAUSIER.

LE SOVCY,

MADRIGAL.

SI l'on vous donne vn Lys, vn Oeillet, vne Rose,
 Ie vous veux présenter aussy
 Vn triste et languissant SOVCY :
 Le sort ne me laisse autre chose.
 Ie souffre vne telle douleur
 De vous offrir la moindre Fleur,
 Qu'on verra dans vôtre COVRONNE
 Que ie deuiens ce que ie donne.
De M. le Marquis DE MONTAUSIER.

LE SOVCY,

Madrigal.

FAut-il donc que la Rose ait sur moy l'auantage
D'étaler ses beautez dessus vôtre visage,
D'y charmer tous les cœurs et d'y donner des loix ?
Luisez, Astre viuant, dessus ma derniere heure :
Vne jalouse ardeur ordonne que ie meure,
Pour vn second Soleil, vne seconde fois.

De M. Habert, Cap. de l'Artillerie.

LE SOVCY,
MADRIGAL.

NE pouuant vous donner ni Sceptre, ni Couronne,
Ni ce qui peut flater les cœurs ambitieux,
Receüez ce SOVCY, qu'aujourd'huy ie vous donne,
Pour ceux que tous les jours me donnent vos beaux yeu:

De M. HABERT, Cap. de l'Artillerie.

LE SOVCY, AU SOLEIL,
MADRIGAL.

Q̆Voy que tu sois pourueu d'vn éclat nompareil,
Ce n'est pas de ton feu que ie suis embellie ;
    Si ie suis la Fleur du Soleil,
C'est du Soleil qui luit dans les yeux de IVLIE.
                      De M. COLLETET.

LE SOVCY,
MADRIGAL.

IAdis les rigueurs du Soleil
    Me coutérent la vie;
I'attens vn accident pareil
  A cause que i'ay même enuie;
Mais il m'jmporte peu qu'elle me soit rauie,
   Puis-que même après le trépas
   Ie sçay l'art de suiure ses pas.
De M. DE SCUDERY.

LE SOVCY,

Sous le nom de CLYTIE,

MADRIGAL.

MOrtels, qu'on ne m'accuse pas
D'estre infidéle, ni volage,
Bien qu'vn miracle de cet âge
Ait pris mon ame en ses appas;
Ie puis sans crime, et sans folie,
Cherir cet objet nompareil;
Aymer Apollon, ou IVLIE,
C'est toujours aymer le Soleil.

    De M. de MALLEVILLE.

LE SOVCY,

Sous le nom de CLYTIE,

MADRIGAL.

IE suis et l'Amante, et l'Image
De l'Astre étincellant qui regne dans les Cieux,
Et ie puis, sans orgueil, prétendre l'auantage
    De parer son front glorieux;
    Mes Riualles ont eu l'audace,
    Dans leur plus superbe appareil,
    De t'oser demander ma place;
    Mais, jncomparable Soleil,
Plus digne de mes vœux que celuy qu'on adore,
    Nulle dans l'empire de Flore
Ne me peut disputer cet honneur sans pareil.
    Ie n'exalte point ma naissance,
    Ie ne vante point mes appas;
    Pour conceuoir cette esperance,
    I'ay ce que les autres n'ont pas:
De rayons éclattans ie suis enuironnée;
    Telle est ma destinée,
Que tu ne peux qu'à moy cette gloire donner:
Qui pourroit qu'vn Soleil, vn Soleil couronner?

De M. D'ANDILLY le fils.

LA PENSÉE,
MADRIGAL.

VOus qui suiuez l'Amour, dont le feu vous égare,
Ne jettez point les yeux sur vn obiet si rare ;
C'est auecque respect qu'il en faut approcher :
Quoy que de ses beautez vôtre ame soit blessée,
Apprenez que les mains n'ont pas droit d'y toucher,
Et que cet heur n'est deu qu'à la seule PENSÉE.

De M. COLLETET.

LES SOVCYS ET LES PENSEES,

MADRIGAL.

LOrs que pressé de mon deuoir,
Ie veux t'offrir vne Guirlande,
Ta beauté m'oste le pouuoir
D'accomplir ce qu'il me commande;
Ce qui te la fait meriter,
Empéche que tu ne l'obtiennes:
Ton beau teint ne peut supporter
D'autres merueilles que les siennes;
Par luy la Rose est sans couleur,
Les Oeillets ont perdu la leur,
Les Tulipes sont effacées,
Les Lys n'ont plus de pureté;
Et pour toy rien ne m'est resté
Que des SOVCYS et des PENSÉES.

De M. DE MALLEVILLE.

LA FLEVR D'ORANGE,

MADRIGAL.

Dv palais d'emeraude où la riche Nature
M'a fait naistre, et regner auecque maiesté,
Ie viens pour adorer la diuine Beauté,
Dont le Soleil n'est rien qu'vne foible peinture.
Si ie n'ay point l'éclat ni les viues couleurs
   Qui font l'orgueil des autres Fleurs ;
Par mes douces odeurs ie suis plus accomplie,
Et par ma pureté plus digne de IVLIE.
Ie ne suis point suiette au fragile destin
   De ces belles infortunées
   Qui meurent dés qu'elles sont nées,
Et de qui les appas ne durent qu'vn matin ;
Mon sort est plus heureux, et le Ciel fauorable
Conserue ma fraicheur, et la rend plus durable.
Ainsi, charmant obiet, rare present des Cieux,
Pour meriter l'honneur de plaire à vos beaux yeux,
   I'ay la pompe de ma naissance,
Ie suis en bonne odeur en tout temps, en tous lieux,
   Mes beautez ont de la constance,
Et ma pure blancheur marque mon jnnocence :

I'ose donc me vanter, en vous offrant mes vœux,
De vous faire moy seule vne riche Coüronne,
  Bien plus digne de vos cheueux,
Que les plus belles Fleurs que Zephire vous donne.
Mais si vous m'accusez de trop d'ambition,
Et d'aspirer plus haut que ie ne deurois faire,
  Condamnez ma presomption,
  Et me traittez en temeraire ;
Punissez, i'y consens, mon superbe dessein
  Par vne seuére défence
De m'éleuer plus haut que iusqu'à vôtre sein ;
Et ma punition sera ma récompense.
De M. CONRART.

LE SAFFRAN,

MADRIGAL.

Ie viens m'offrir à vous pour parer vos cheueux,
    Diuin obiet de mille vœux,
    Par qui toute ame est enflammée ;
    La Nature, Mere des Fleurs,
    Pour me distinguer de mes Sœurs,
    De langues m'a toute formée ;
Mais, aymable IVLIE, il le faut auouër,
Ie n'en ay pas encore assez pour vous louër.
        De M. le Marquis DE MONTAUSIER.

LA FLAMBE,

MADRIGAL.

IE ne croy pas que ces Guirlandes,
Dont chacun vous fait des offrandes,
Conseruent toutes leurs couleurs :
Si vôtre bel œil les éclaire,
Ie m'attens bien de luy voir faire
Des FLAMBES de toutes les Fleurs.

De M. DE MALLEVILLE.

LA FLAMBE,

Madrigal.

PArmy toutes ces autres Fleurs,
Receuez cette FLAMBE, ô IVLIE adorable!
C'est le viuant portrait des mortelles douleurs
Que cause dans mon sein vne playe jncurable:
Pour vous montrer l'état de mon cœur consumé,
Ie ne pouuois choisir qu'vn obiet enflammé.

De M. le Marquis DE MONTAUSIER.

LE MVGVET,
MADRIGAL.

I'Abandonne les bois, dont les feüillages sombres,
Malgré l'Astre bruslant qui répand les clartez,
Conseruent ma fraicheur sous leurs épaisses ombres,
Pour venir rendre hommage à tes rares beautez.
Mais ie crains, en voyant l'éclat quj t'enuironne,
   Que ton feu sans pareil,
Ne me soit plus fatal que celuy du Soleil.
N'jmporte, toutefois, quoy que le Ciel ordonne,
   Ou i'embelliray ta COVRONNE,
   Ou mourant au feu de tes yeux,
Mon sort égalera le sort des Demy-dieux.

De M. DE BRIOTE.

LA FLEVR DE GRENADE,

MADRIGAL.

DAns l'empire fameux de Flore et de Pomone,
Mon Pere a mille Enfans qui portent la Couronne;
    Mais préférant mon sort au leur,
    I'ay mieux aymé demeurer Fleur
Auec le vif éclat dont ie suis embellie,
Afin de m'offrir vierge à la chaste IVLIE.
O perte fauorable ! ô change precieux !
    Ie quitte vne gloire mortelle,
Pour l'jmmortel honneur de parer cette Belle,
Et le destin des Roys pour le destin des Dieux.

De M. CONRART.

LA FLEVR DE GRENADE,
MADRIGAL.

D'Vn pinceau lumineux l'Astre de la lumiere
  Anime mes viues couleurs,
Et regnant sur l'Olympe en sa vaste carriere,
  Il me fait regner sur les Fleurs ;
Ma pourpre est l'ornement de l'empire de Flore :
Autres fois ie brillay sur la teste des Roys,
   Et le riuage More
   Fut suiet à mes loix ;
Mais méprisant l'éclat dont ie suis embellie,
  Ie renonce au flambeau des Cieux,
  Et viens, ô diuine IVLIE !
   Adorer tes beaux yeux,
Pour viure par leur feu d'vne plus noble vie.
  Ie viens par vne belle ardeur,
A la honte du Ciel acheuer ta grandeur :
  Il te deuoit une Couronne,
  Et moy ie te la donne.
     De M. DE BRIOTE.

LA FLEVR D'ADONIS,

MADRIGAL.

SI quelque soin vous tient de vous rendre jmmortelle,
Et de voir vôtre nom par le monde semé,
Rendez-vous à l'Amour, ne soyez plus rebelle;
Si ie fleuris encor, c'est pour auoir aymé.
De M. de Malleville.

LA PERCE-NEIGE,

MADRIGAL.

FIlle du bel Astre du jour,
Ie nays de sa seule lumiere,
Alors que sans chaleur, à son nouueau retour,
Des mois il ouure la carriere.
Ie vis pure, et dans la froideur ;
Et mon teint, qui la NEIGE efface,
Conserue son éclat dans l'extréme rigueur
De l'hyver couronné de glace.
Fleurs peintes d'vn riche dessein
Que le chaud du Soleil fait naistre,
Et qui peu chastement ouurez votre beau sein
Au Pere qui vous donna l'estre ;
Vous qui sans pudeur aux Zephirs
Souffrez découurir vos richesses,
Et vous laissant toucher à leurs foibles soupirs,
Ployez sous leurs molles caresses ;

Osez-vous, peu modestes Fleurs,
Prétendre couronner cette Beauté seuére ?
Et ne craignez-vous point les cruelles froideurs
Dont elle sçait punir vne ame temeraire ?
N'ayez plus cette vanité,
Puis que seule ie dois obtenir l'auantage
D'orner de son beau chef l'auguste Majesté,
Lors que de tous les cœurs elle reçoit l'hommage,
Au Throsne de la Pureté.
De M. de Montmor-Habert.

LA PERCE-NEIGE,

MADRIGAL.

Sous vn voile d'argent la terre enseuelie,
 Me produit, malgré sa fraicheur ;
 La NEIGE conserue ma vie,
Et me donnant son nom, me donne sa blancheur ;
Mais celle de ton sein, nompareille IVLIE,
 Me fait perdre aujourd'huy le prix
 Que ie ne cede pas au Lys.
De M. DE BRIOTE.

LE PAVOT,

MADRIGAL.

ACcordez-moy le priuilége
D'approcher de ce front de nége;
Et si ie suis placé (comme il est à propos)
Auprès de ces Soleils que le Soleil seconde,
Ie leur donneray le repos
Qu'ils dérobbent à tout le monde.
De M. DE SCUDERY.

L'IMMORTELLE,

MADRIGAL.

FOibles Fleurs, à qui le destin
Ne donne jamais qu'vn matin,
Reconnoissez vôtre folie ;
Moy seule dois prétendre à couronner IVLIE.
Digne objet des plus dignes vœux,
Placez-moy dessus vos cheueux ;
I'aspire à cet honneur, faites que ie l'obtienne :
Ainsi puisse le Ciel vous combler de plaisirs,
Faire que tout succéde à vos justes desirs,
Et que vôtre beauté dure autant que la mienne !

De M. DE SCUDERY.

L'IMMORTELLE BLANCHE,

Madrigal.

DOnnez-moy vos couleurs, Tulipes, Anémones;
Oeillets, Roses, Iasmins, donnez-moy vos odeurs:
Des contraires saisons le froid, ni les ardeurs,
  Ne respectent que les Couronnes
  Que l'on compose de mes Fleurs;
Ne vous vantez donc point d'estre aymables ni belles,
On ne peut nommer beau ce qu'efface le Temps :
  Pour couronner les Beautez éternelles,
   Et pour rendre leurs yeux contens,
   Il ne faut point estre mortelles.
  Si vous voulez affranchir du trépas
   Vos brillans, mais frêles appas,
   Souffrez que i'en sois embellie;
Et si ie leur fais part de mon éternité,
Ie les rendray pareils aux appas de IVLIE,
Et dignes de parer sa diuine beauté.
De M. Conrart.

LE MELEAGRE,

MADRIGAL.

IE vay finir pour IVLIE :
O que mon destin est beau !
La glorieuse folie !
Dieux ! le superbe tombeau !
Ie suis Fleur, et fus jadis Homme;
Mon sort vne autre fois se trouue au même point,
Car vn feu secret me consomme,
Qui me brusle et ne paroist point.
De M. de Scudery.

TABLE
DE LA
GUIRLANDE DE JULIE,
Par ordre alphabétique des Fleurs.

―――――

ADONIS (la fleur d'), fol. 63.
Madrigal de M. de Malleville :
Si quelque soin vous tient de vous rendre immortelle.

AMARANTE (l'), fol. 18.
Madrigal de M. de Gombaud :
Je suis la fleur d'Amour, qu'Amarante on appelle.

ANÉMONE (l'), fol. 24.
Madrigal de M. le Marquis de Montausier.
Je m'offre à vous, belle Julie.

ANGÉLIQUE (l'), fol. 19.
Premier Madrigal de M. le Marquis de Montausier :
Recevez mon service, adorable Julie.
Second Madrigal, de M. de Malleville, fol. 20.
Quand toutes les fleurs prennent place.

ÉLIOTROPE (l'), fol. 45.
Madrigal de M. le Marquis de Montausier.
A ce coup les destins ont exaucé mes vœux.

FLAMBE (la), fol. 58.

Premier Madrigal, de M. de Malleville :
Je ne crois pas que ces Guirlandes.

Second Madrigal, de M. le M. de Montausier, fol. 59.
Parmi toutes ces autres fleurs.

GRENADE (la fleur de), fol. 61.

Premier Madrigal, de M. Conrart :
Dans l'empire fameux de Flore & de Pomone.

Second Madrigal, de M. de Briote, fol. 62.
D'un pinceau lumineux l'astre de la lumière.

HYACINTHE (l'), fol. 42.

Premier Madrigal, de M. le Marquis de Racan :
Je n'ai plus de regret à ces armes fameuſes.

Second Madrigal, de M. le M. de Montausier, fol. 43.
Depuis mon changement, tout l'Univers remarque.

Troisième Madrigal, de M. Conrart, fol. 44.
D'un éternel bonheur ma diſgrace est suivie.

JASMIN (le), fol. 23.

Madrigal de M. le Marquis de Montausier :
Cauſe de tant de feux, ſource de tant de pleurs.

IMMORTELLE (l'), fol. 68.

Madrigal de M. de Scudery :
Foibles fleurs à qui le Deſtin.

IMMORTELLE (l') blanche, fol. 69.

Madrigal de M. Conrart :
Donnez-moi vos couleurs, Tulipes, Anémones.

IMPÉRIALE (la Couronne), fol. 5.

Premier Madrigal, de Chapelain :
Je suis ce Prince glorieux.

Second Madrigal, de Malleville, fol. 7.
Bien que de la Rose & du Lys.

Troisième Madrigal, de M. de Scudery, fol. 8.
Quelque diversité que le parterre étale.

JONQUILLE (la), fol. 41.

Madrigal de M. le Marquis de Montausier :
Dans la Fable ni dans l'Histoire.

LYS (les), fol. 27.

Premier Madrigal, de M. d'Andilly :
Merveille de nos jours, dont les charmes vainqueurs.

Second Madrigal, de M. le M. de Montausier, fol. 29.
Le plus ardent de tous mes vœux.

Troisième Madrigal, de M. de Malleville, fol. 30.
Reçois les Lys que je te donne.

Quatrième Madrigal, de M. des Reaux Tallemant, f. 31.
Devant vous je perds la victoire.

Cinquième Madrigal, de M. Martin, fol. 32.
Je puis mettre entre les louanges.

Sixième Madrigal, de M. Martin, fol. 33.
>Que j'ai de gloire à cette fois.

Septième Madrigal, de M. Conrart, fol. 34.
>Un divin oracle autrefois.

Huitième Madrigal, de M. Des Marets, fol. 35.
>Belle, ces Lys que je vous donne.

MÉLÉAGRE (la fleur de), fol. 70.

Madrigal de M. de Scudery :
>Je vais finir pour Julie.

MUGUET (le), fol. 60.

Madrigal de M. de Briote :
>J'abandonne les bois, dont les feuillages sombres.

NARCISSE (le), fol. 14.

Premier Madrigal, de M. le Marquis de Montausier.
>Je consacre, Julie, un Narcisse à ta gloire.

Second Madrigal, du même, fol. 15.
>Je suis ce Narcisse fameux.

Troisième Madrigal, de M. Habert, Cap. de l'Art. f. 16.
>Epris de l'amour de moi-même.

Quatrième Madrigal, de M. Habert, Ab. de Cerisy, f. 17.
>Quand je vois vos beaux yeux, si brillans & si doux.

ŒILLET (l'), fol. 21.

Madrigal de M. le Marquis de Montausier.
>Bien que dans l'Empire des Fleurs.

ORANGE (la fleur d'), fol. 55.

Madrigal de M. Conrart.
>Du Palais d'Emeraude, où la riche Nature.

PAVOT (le), fol. 67.

Madrigal de M. de Scudery :
>Accordez-moi le privilège.

PENSÉE (là), fol. 53.

Madrigal de M. Colletet.
>Vous qui suivez l'Amour, dont le feu vous égare.

PERCE-NEIGE (la), fol. 64.

Premier Madrigal, de M. de Montmort-Habert :
>Fille du bel aftre du jour.

Second Madrigal, de M. de Briote, fol. 66.
>Sous un voile d'argent la terre enfevelie.

ROSE (la), fol. 9.

Premier Madrigal, de M. Habert, Abbé de Cerisy :
>Alors que je me vois fi belle & si brillante.

Second Madrigal, de M. de Malleville, fol. 10.
>Devant ce teint, d'un beau sang animé.

Troisième Madrigal, de M. le M. de Montausier, f. 11.
>Affife en majesté sur un trône d'épines.

Quatrième Madrigal, de M. Colletet, fol. 12.
>Si vous n'aviez banni l'ardeur démesurée.

Cinquième Madrigal, de M. Colletet, fol. 13.
>Quoi que la Fable nous raconte.

Safran (le), fol. 57.

Madrigal de M. le Marquis de Montausier :
Je viens m'offrir à vous pour parer vos cheveux.

Soucy (le), fol. 46.

Premier Madrigal, de M. le Marquis de Montausier :
Si l'on vous donne un Lys, un Œillet, une Rose.

Second Madrigal, de M. Habert, Cap. de l'Artill. f. 47.
Faut-il donc que la Rose ait sur moi l'avantage.

Troisième Madrigal, du même, fol. 48.
Ne pouvant vous donner ni sceptre ni couronne.

Quatrième Madrigal, de M. Colletet, fol. 49.
Quoique tu sois pourvu d'un éclat nompareil.

Cinquième Madrigal, de M. de Scudery, fol. 50.
Jadis les rigueurs du Soleil.

Sixième Madrigal, de M. de Malleville, fol. 51.
Mortels, qu'on ne m'accuse pas.

Septième Madrigal, de M. d'Andilly le fils, fol. 52.
Je suis & l'Amante & l'image.

Ces deux derniers Madrigaux sont intitulés : *Le Soucy, sous le nom de Clytie.*

Soucis (les) et les Pensées.

Madrigal de M. de Malleville, fol. 54.
Lorsque pressé de mon devoir.

Thin (la fleur de), fol. 52.

Madrigal de M. d'Andilly le fils :
Sans beauté, sans grandeur, sans éclat et sans grace.

Tulipe (la), fol. 36.

Premier Madrigal, de M. Godeau :
Je fus un Berger autrefois.

Second Madrigal, de M. Arnaud de Corbeville, fol. 38.
Je suis le plus brillant ouvrage.

Troisième Madrigal, de M. Conrart, fol. 39.
Bel Astre, à qui je dois mon être & ma beauté.

Tulipe (la) nommée *Flambóyante*, fol. 40.

Madrigal de M. le Marquis de Montausier.
Permettez-moi, belle Julie.

Violette (la), fol. 25.

Premier Madrigal, de M. Des Marets :
Franche d'ambition, je me cache sous l'herbe.

Second Madrigal, de M. de Malleville, fol. 26.
De tant de fleurs par qui la France.

ZÉPHIRE à JULIE.

Madrigal de M. le Marquis de Montausier :
Recevez, ô Nymphe adorable. 3

Ce Madrigal est sur le huitième des feuillets qui sont à la tête de ce Manuscrit.

Fin de la Table des Fleurs.

TABLE
ALPHABÉTIQUE
DES AUTEURS,

Avec l'indication du premier vers de leurs Madrigaux.

ANDILLY. (M. D')
    Merveille de nos jours, dont les charmes vainqueurs,   27

ANDILLY (M. D') le fils.
    Sans beauté, sans grandeur, sans éclat et sans grace,   22
    Je suis et l'amante, et l'image,   52

BRIOTE. (M. DE)
    J'abandonne les bois, dont les feuillages sombres,   60
    D'un pinceau lumineux l'astre de la lumière,   62
    Sous un voile d'argent la terre ensevelie,   66

CHAPELAIN. (M.)
    Je suis ce Prince glorieux,   5

COLLETET. (M.)
    Si vous n'aviez banni l'ardeur démesurée,   12
    Quoi que la Fable nous raconte,   13
    Quoique tu sois pourvu d'un éclat nompareil,   49
    Vous qui suivez l'Amour, dont le feu vous égare,   53

Conrart. (M.)

Un divin oracle autrefois,	34
Bel Astre, à qui je dois mon être et ma beauté,	39
D'un éternel bonheur ma disgrace est suivie,	44
Du palais d'émeraude, où la riche Nature,	55
Dans l'empire fameux de Flore & de Pomone,	61
Donnez-moi vos couleurs, Tulipes, Anémones,	69

Corbeville. (Arnaud de)

Je suis le plus brillant ouvrage,	38

Des Marests (M.)

Franche d'ambition, je me cache sous l'herbe,	25
Belle, ces Lys que je vous donne,	35

Godeau. (M.)

Je fus un Berger autrefois,	36

Gombaud. (M. de)

Je suis la fleur d'Amour, qu'Amarante on appelle,	18

Habert, (M.) Abbé de Cerisy.

Alors que je me vois si belle et si brillante,	9
Quand je vois vos beaux yeux, si brillans & si doux,	17

Habert, (M.) Capitaine de l'Artillerie.

Epris de l'amour de moi-même,	16
Faut-il donc que la Rose ait sur moi l'avantage,	47
Ne pouvant vous donner ni sceptre, ni couronne,	48

MALLEVILLE. (M. DE)

Bien que de la Rose & du Lys,	7
Devant ce teint d'un beau sang animé,	10
Quand toutes les fleurs prennent place,	20
De tant de fleurs par qui la France,	26
Reçois les Lys que je te donne,	30
Mortels, qu'on ne m'accuse pas,	51
Lorsque pressé de mon devoir,	54
Je ne crois pas que ces Guirlandes,	58
Si quelque soin vous tient de vous rendre immortelle,	63

MARESTS, *voyez* DES MARETS.

MARTIN. (M.)

Je puis mettre entre les louanges,	32
Que j'ai de gloire à cette fois,	33

MONTAUSIER. (M. le Marquis DE)

Recevez, ô Nymphe adorable,	3
Assise en majesté sur un trône d'épines,	11
Je consacre, Julie, un Narcisse à ta gloire,	14
Je suis ce Narcisse fameux,	15
Recevez mon service, adorable Julie,	19
Bien que dans l'Empire des Fleurs,	21
Cause de tant de feux, source de tant de pleurs,	23
Je m'offre à vous, belle Julie,	24
Le plus ardent de tous mes vœux,	29
Permettez-moi, belle Julie,	40
Dans la Fable ni dans l'Histoire,	41

Depuis mon changement, tout l'Univers remarque, 43
A ce coup les destins ont exaucé mes vœux, 45
Si l'on vous donne un Lys, un Œillet, une Rose, 46
Je viens m'offrir à vous pour parer vos cheveux, 57
Parmi toutes ces autres fleurs, 59

MONTMOR-HABERT. (M. DE)

Fille du bel astre du jour, 64

RACAN. (M. le Marquis DE)

Je n'ai plus de regret à ces armes fameuses, 42

RÉAUX-TALLEMANT. (M. DES)

Devant vous je perds la victoire, 31

SCUDERY. (M. DE)

Quelque diversité que le parterre étale, 8
Jadis les rigueurs du Soleil, 50
Accordez-moi le privilège, 67
Foibles fleurs, à qui le Destin, 68
Je vais finir pour Julie, 70

TALLEMANT, *voyez* RÉAUX-TALLEMANT. (DES)

Fin de la Table des Auteurs.

www.ingramcontent.com/pod-product-compliance
Lightning Source LLC
LaVergne TN
LVHW050644090426
835512LV00007B/1031